EX-LIBRIS

IMAGINAIRES ET SUPPOSÉS

DE

PERSONNAGES CÉLÈBRES

ANCIENS ET MODERNES

ALBUM

DE

TRENTE-CINQ PLANCHES GRAVÉES

PRIX : 10 FRANCS

1895

EX-LIBRIS

IMAGINAIRES

ET

SUPPOSÉS

DE

PERSONNAGES CÉLÈBRES

ANCIENS ET MODERNES

PARIS

L. Joly éditeur

19 Quai St Michel

Tiré à petit nombre

ESTAMPES
ANCIENNES
et
MODERNES
EAUX-FORTES

LIVRES
L.JOLY
DESSINS

PORTRAITS
VUES et PLANS
DOCUMENTS
pour
ARTISTES

PARIS
19 Quai St Mich.

AVANT-PROPOS

L'origine de cet Album est toute fortuite.

Ayant eu la bonne fortune de rencontrer une série de dessins où se trouvaient esquissés les *ex-libris* imaginaires de célébrités contemporaines, l'idée nous vint de faire graver ces compositions qui semblaient s'identifier si bien avec les personnages qu'elles voulaient représenter.

Le succès qui a accueilli l'apparition de ces petites vignettes nous a encouragé à continuer la collection si heureusement commencée, mais en étendant notre cadre et en y faisant entrer des noms appartenant à des époques antérieures et à des pays étrangers. Tous les genres se trouvent représentés de la sorte, et la variété de notre Album

Passant du grave au doux, du plaisant au sévère

en constitue un des principaux attraits.

On y voit successivement défiler sous les yeux l'*ex-libris* d'Adam « notre père à tous » pour nous servir du mot d'un candidat célèbre par ses mécomptes académiques, puis ceux d'artistes, d'écrivains, de poètes, de penseurs et de philosophes.

Parmi ces derniers, figure tout d'abord Rabelais dont le sujet de l'*ex-libris* est tiré du prologue de *Gargantua*, et représente un chien ayant rencontré *un os médullaire*. « Si veu l'avez, vous avez peu noter de quelle dévotion il le guette, de quel soin il le garde, de quelle ferveur il le tient, de quelle prudence il l'entomme, de quelle affection il le brise et de quelle diligence il le suce. » Tel le représente notre vignette. Puis vient l'*ex-libris* de Littré, ce sage d'une vertu antique, figuré par un singe assis sur les tomes énormes du *Dictionnaire de la Langue française*.

L'*ex-libris* de Renan avec un Christ en croix synthétise l'écrivain et le penseur. N'est-ce pas sa *Vie de Jésus* qui est son œuvre la plus connue, sinon la plus puissante, et qui caractérise le mieux l'illustre maître devant la postérité ; cette vie qui lui attirait en 1872 l'anathème papal et qui lui valait du souverain pontife le qualificatif de « blasphémateur européen » ? Ces pages écrites en collaboration de sa sœur Henriette, morte à Biblos, il les lui avait dédiées ; et à la fin de sa dédicace, il s'adressait à elle comme à son bon Génie, la priant de lui révéler « ces vérités qui dominent la mort, empêchent de la craindre, et la font presque aimer ».

Parmi les *ex-libris* d'hommes de lettres, nous voyons tour à tour celui de l'humoriste romancier américain Edgard Poë ; celui d'Alphonse Karr avec ses *Guêpes*, cette petite revue aristophanesque qui devait lui attirer tant d'inimitiés, l'une féminine, entre autres, particulièrement cuisante s'il n'eut que la peau effleurée ; celui de Jacques Cazotte qui devait périr sur l'échafaud en 1792 ; celui de Bossuet avec son aigle, sans doute parce qu'il s'était complu à déchirer de ses « serres cruelles » le cygne de Cambrai ; celui de l'infâme marquis de Sade avec son héroïne poignardée ; celui plus aimable de Murger, ce bohême d'esprit aux bottes percées et aux redingotes effilochées et luisantes, mais à l'humeur égale et sans aigreur, insouciante quand même ; celui du bon Rollin qui avait, sous ses cheveux blancs, la candeur naïve et les pudeurs charmantes de la jeune vierge ; celui de Ponson du Terrail avec son inséparable Rocambole, comme celui de Félix Pyat avec son chiffonnier légendaire.

Cervantes vient ensuite avec Don Quichotte qui nous emporte en croupe derrière lui, en compagnie de Sancho Pança, sans que nous quittions des yeux la charmante image de Dulcinée du Toboso qui semble dominer, de son fin sourire, toute la scène qui se déroule devant elle. Alexandre Dumas père, en marmiton, tout entier à la confection de sa cuisine littéraire, vient clore la série des écrivains.

III

Les *ex-libris* supposés des poètes ne sont pas moins bien représentés.

Et d'abord, celui de Victor Hugo — à tout seigneur tout honneur! — exhibe malicieusement un crapaud croassant devant l'immensité de l'Océan empourpré par le soleil couchant; celui de l'auteur des *Fleurs du mal*, Baudelaire, avec une traduction graphique adéquate aux objets chantés par le poète; celui de Pierre Dupont, le chansonnier populaire avec ses deux grands bœufs « l'un qui est blanc et l'autre roux », et d'autres petites scènes immortalisées par sa muse aimable. L'*ex-libris* d'Alfred de Musset représente des couples s'élançant dans l'espace, âmes souffrantes qui fuient les banalités de la vie; enfin celui de Théodore de Banville, prestigieux ciseleur de rimes impeccables.

Les politiques ont également leur place dans notre Album.

Danton, Marat, Napoléon qui, dans leur trinité, semblent exprimer la Révolution; et près d'eux, les actrices et les cantatrices, ces reines du théâtre à côté des rois des peuples et de l'opinion, la toute spirituelle Sophie Arnould et l'artiste incomparable qui avait nom Marie Garcia.

Non loin de l'*ex-libris* de Napoléon, l'*ex-libris* du peintre qui se plut tant de fois à le faire revivre sur la toile : nous avons salué Meissonier : à côté de lui, l'artiste exquis qu'était Jacques Callot, l'auteur de cette œuvre philosophique par excellence, *les Misères de la guerre, les Petites misères de la guerre, les Bohémiens*, ces derniers qui figurent dans leur odyssée tragico-comique sur son *ex-libris* supposé; enfin Boucher, le chantre des voluptés court-vêtues, aux suggestives rotondités, cet Arioste de la peinture, comme disait Diderot, qui ne l'aimait pas, se complaisant dans la représentation d'amours joufflus « de bergers enrubannés serrant la taille de leurs bergères,... de jeunes filles au minois fripon folâtrant sur un lit défait », fidèle traducteur, par le pinceau, de la haute société corrompue où il se plaisait à fréquenter.

Avec l'*ex-libris* de Charcot, nous rentrons dans une note plus sérieuse.

L'*ex-libris* de Charcot, un des plus grands noms de la médecine française du XIXᵉ siècle, représente une jeune femme hypnotisée par la Mort. Nulle composition ne convenait mieux au maître qui s'est

particulièrement fait connaître en France et à l'étranger par se
beaux travaux sur les maladies du système nerveux et sur les phéno
mènes excentriques des affections nerveuses et mentales.

Mais cette galerie serait incomplète, et la philosophie qui doi
s'en dégager semblerait absente si nous ne trouvions à la dernièr
page de notre recueil l'*ex-libris* supposé du bon docteur Ricord, c
magicien habile, prêtre d'Esculape, qui rendait à l'existence les infor
tunés menacés dans leur vie. Son *ex-libris* représente un amou
entrant dans le fameux cabinet de consultations, un boiteux, se sou
tenant avec peine à l'aide d'une béquille. L'implacable Vénus lui
détaché un de ses coups de pied. Grâce à la science de Ricord, l
jeune imprudent sort bientôt de chez l'honorable praticien, mais guéri
témoignant sa joie par ses gambades, et tout prêt à recommencer
Moralité : ne désespérons jamais.

Cet *ex-libris* consolateur clôt notre *Première Série*.

Nous sommes prêt, si le public l'accepte avec bienveillance,
en commencer une seconde.

En attendant, nous lui soumettons cet Album et souhaitons qu'i
nous réponde favorablement, afin de poursuivre, fort de son assen
timent, l'œuvre dont il se sera constitué en quelque sorte le conseil e
le parrain.

L. JOLY.

Paris, le 30 janvier 1895.

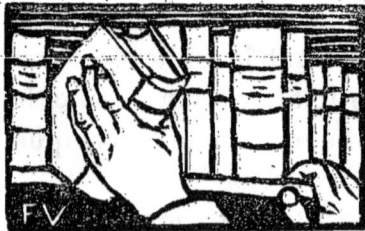

ON EST PRIÉ DE
VENIR BOUQUINER
A TOUTE HEURE
A CONDITION DE
NE PAS TROUBLER
LE REPAS DE
MESSIEURS LES
BOUQUINISTES

EX-LIBRIS
IMAGINAIRE
ET SUPPOSÉ
DE A. L'AMI

EX-LIBRIS EDGAR POE

QUI S'Y FROTTE S'Y PIQUE

EX-LIBRIS
ALPHONSE KARR

ÉQUITÉ

LIBÉRALITÉ

FRATERNITÉ

LA LIBERTÉ OU LA MORT

L'AMI DU PEUPLE

EX-LIBRIS J·P MARAT

EX-LIBRIS
JE LIS, JE DIS, JE RIS

ET · SCIENTIA · EORUM · PERDET · EOS

EX·LIBRIS · CATOTIE

EX-LIBRIS HERVIER

BOSSUET

EX LIBRIS

DISCOURS
SUR
L'HISTOIRE
UNIVERSELLE

MIEUX VAUT BON PLAT TROUVER QUE BATAILLE GAGNER

EX-LIBRIS

EX-LIBRIS PONSON DU TERRAIL

ROCAMBOLE
Rocambole
Rocambole
la suite au prochain N!

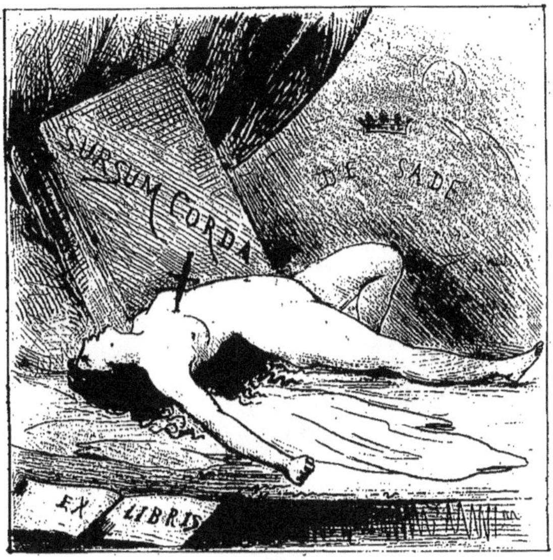
SURSUM CORDA
DE SADE
EX LIBRIS

EX
LIBRIS

N

CODE

EX-LIBRIS
GRÉTRY

DE L'AUDACE!...

EX LIBRIS DANTON

Apoux.

EX LIBRIS CH. BAUDELAIRE

EX-LIBRIS

EX LIBRIS MEISSONIER

EX LIBRIS CALLOT

LES MALHEURS
de la Guerre

EX LIBRIS ERNEST RENAN

EX-LIBRIS
MARIE GARCIA

TOUT POUR LE PEUPLE

EX-LIBRIS

FÉLIX PYAT

Ils n'en ont pas en Angleterre!

EX-LIBRIS PIERRE DUPONT

EX·LIBRIS·HENRI·MURGER

GARGANTUA

PANTAGRUEL

EX. LIBRIS
RABELAIS

BRISER L'OS POUR SUCER LA MOELLE

EX-LIBRIS

A DE MUSSET

EX·LIBRIS CH. ROLLIN

EX LIBRIS LITTRÉ

EX. LIBRIS A. DUMAS

EX LIBRIS

THÉODORE DE BANVILLE

EX·LIBRIS D^rRICORD

TABLE

DES

EX-LIBRIS IMAGINAIRES CONTENUS DANS CET ALBUM

www.ingramcontent.com/pod-product-compliance
Lightning Source LLC
Chambersburg PA
CBHW070909280326
41934CB00008B/1650